APRENDER ALEMÁN

NIVEL INTERMEDIO

Cuentos en alemán para hispanohablantes (B1/B2)

 VERBLIX

Índice

Introducción

¡Felicidades por comprar *"Aprender alemán: nivel intermedio – Cuentos en alemán para hispanohablantes (B1/B2)!"*

El humorista Mark Twain dijo una vez que si la eternidad existía para algo, debía de ser para aprender alemán. Chistes aparte, el alemán es una de las lenguas que más da que pensar del mundo, y sumergirse en ella es un verdadero placer. Y aquí tienes un libro lleno de relatos breves en alemán esperándote para que los explores y los disfrutes.

Relatos breves para estudiantes de alemán de nivel intermedio

Tanto si eres un principiante avanzado como un estudiante de alemán de nivel intermedio, encontrarás que las historias incluidas en este libro son una práctica de lectura muy útil. Al final de cada historia hay un breve resumen, así como un glosario que contiene palabras difíciles y un test para poner a prueba tu comprensión. Las historias son divertidas de leer y una manera fantástica de mejorar tus destrezas lingüísticas en alemán.

Una lengua en la que una mesa es "él", pero una chica es "ello"

El alemán, como el inglés, es miembro de la familia lingüística Germánico-oriental, pero conserva algunas características gramaticales complejas que ya no existen en el inglés. Tiene cuatro casos (nominativo, acusativo, genitivo y dativo) que se usan para mostrar cómo se relacionan entre sí los nombres y pronombres. Por ejemplo, "el hombre anciano" es *der alte Mann* si actúa como el sujeto de la frase, pero cuando es el objeto, se convierte en *den alten Mann*.

Del mismo modo, los nombres alemanes tienen tres géneros: masculino, femenino y neutro. A veces parece que el género de una palabra no tiene una base lógica: la palabra *Frau* ("mujer") es femenina, ¡pero *Mädchen* ("chica") es neutra, mientras que *Tisch* ("mesa") es masculina! Otro reto del alemán es que, como el inglés, tiene muchos verbos irregulares ("fuertes").

Una lengua útil desde múltiples puntos de vista

La capacidad de hablar alemán es una valiosa ventaja para cualquiera que esté pensando en viajar o hacer negocios en un país donde se habla esta lengua. Es idioma oficial en Alemania, Austria, Suiza, Bélgica, Luxemburgo y Liechtenstein. El gran número de empresas exitosas con sede en estos países hace del alemán un idioma clave para el comercio internacional, y saber hablarla te hará más fácil la comunicación con la gente de negocios de habla alemana. Incluso si eres simplemente un turista, ser capaz de conversar con los locales en su propia lengua puede proporcionarte una experiencia de viaje más gratificante.

¿Dónde se habla alemán? ¿Cuántos hablantes de alemán hay?

Aparte de los países anteriormente mencionados en los que el alemán es idioma oficial, algunas zonas de Francia e Italia tienen también habitantes que hablan alemán. Hay alrededor de 75 millones de hablantes de alemán solamente en Alemania, seguidos por 7 millones en Austria y 3,4 millones en Suiza. En la región francesa de Alsacia, 1,5 millones de personas hablan un dialecto del alemán, mientras que Luxemburgo tiene más de 200.000 hablantes de alemán.

Variedades y dialectos

Hay tres variedades nacionales estándar de alemán: alemán, austríaco y suizo; así como un amplio espectro de dialectos regionales. Las formas habladas regionales del alemán difieren en términos de gramática, vocabulario y fonética de la lengua estándar. Estos dialectos pueden ser difíciles de entender para alguien que sólo sabe hablar alemán estándar.

El alemán estándar o *Hochdeutsch* se emplea en los medios de comunicación y en las publicaciones impresas. Este libro para estudiantes está escrito en alemán estándar por un hablante nativo de Alemania.

¿Es difícil aprender alemán para un hablante de español?

Como hablante de español, puede que encuentres que, pese a que el alemán es bastante diferente del castellano, no es tan difícil como te lo habías imaginado.

Para empezar, te encontrarás con muchas palabras con un sonido muy familiar que el alemán ha tomado prestadas del griego, el latín, el francés y el inglés. Estas palabras, que prácticamente son internacionales, tienen un significado muy fácil de deducir, por lo que te será fácil aprenderlas. La pronunciación de algunos sonidos alemanes, como la "ch" en *möchten* o la "ü" de *über*, pueden resultarte muy distinta, pero estos sonidos son pocos y fáciles de identificar. Con un poco de práctica y dejando atrás la vergüenza, los dominarás en muy poco tiempo.

Además, si también sabes inglés, tienes una ventaja a la hora de empezar a hablar alemán. Esto se debe a que el alemán y el inglés tienen un origen común (ambas son lenguas germánicas), lo que explica por qué gran parte del vocabulario alemán es tan parecido al del inglés. Por ejemplo, ¡*Haus* es "casa" y *Vater* es "padre"!

Parecido con otras lenguas

A pesar de ser una lengua hermana del alemán, el inglés no es su pariente más próximo. Ese honor corresponde al holandés. Otras lenguas estrechamente relacionadas con el alemán incluyen el noruego, el sueco y el danés. Incluso tener un conocimiento básico de cualquiera de estos idiomas puede hacerte mucho más fácil aprender alemán.

¿Cómo se enseña la gramática alemana en el nivel intermedio (B1/B2)?

El objetivo principal de este libro es proporcionarte una forma desafiante a la vez que entretenida de ayudarte a aprender alemán. Aprenderás vocabulario y expresiones, desde nombres y adjetivos hasta diferentes tiempos verbales y colocaciones (frases hechas) que cualquier estudiante de nivel inicial avanzado o intermedio puede entender y debe dominar.

También aprenderás estructuras de frases importantes que te permitirán participar en conversaciones informales con hablantes nativos de alemán. No te aburriremos con las notas gramaticales que encontrarás en la mayoría de libros de texto. En vez de eso, aprenderás cómo usar la lengua alemana a través de un método práctico.

En este libro sólo se incluyen los aspectos gramaticales adecuados para los niveles B1 y B2. Hemos decidido eliminar los aspectos gramaticales avanzados para no confundirte. El vocabulario es el adecuado desde el nivel principiante avanzado hasta los niveles intermedios, de manera que los

estudiantes como tú no la pasen mal tratando de
entender los relatos.

Pautas para leer los siguientes relatos breves

Queremos ayudarte a aprender alemán de la manera más rápida y efectiva posible. Por medio de la colección de historias de este libro, esperamos entretenerte y, al mismo tiempo, garantizarte que entenderás mejor el idioma alemán.

Aquí tienes algunas pautas para sacarle el máximo partido a los relatos breves de este libro:

En primer lugar, intenta leer todo el texto sin pararte a buscar el significado de las palabras que no conozcas. No sientas presión por reconocer todas y cada una de las palabras de los relatos. Es completamente normal que los estudiantes reconozcan sólo unas cuantas palabras.

Tras leer el texto, trata de resumir lo que has leído basándote en tu comprensión inicial del texto. Puedes comprobar si has entendido el texto correctamente mirando el resumen que hay al final de cada historia. De nuevo, no sientas presión por entenderlo todo correctamente a la primera.

¡Dale otra oportunidad! Relee la historia, pero esta vez, concentrándote en las palabras y en la estructura de la frase. Trata de encontrar el contexto del texto que estás leyendo. Busca las palabras que parecen parecidas a los idiomas que ya te son familiares. Ten presente que el vocabulario de ese texto en concreto se repite para así darte la oportunidad de familiarizarte con ellas.

Consulta el glosario de vocabulario difícil o avanzado que aparece al final de cada historia. Si deseas buscar en otros materiales para ayudarte a comprender mejor los relatos, hazlo con confianza. Puedes buscar textos que te ayuden en internet o leer libros de texto para obtener información adicional.

Al final de cada relato encontrarás un conjunto de preguntas que te ayudarán a poner a prueba tu comprensión. Te animamos a que respondas a estas preguntas para que puedas evaluar hasta qué punto has entendido la historia.

Viel Spaß beim Lesen! (¡Disfruta de tu lectura!)

LOS RELATOS

1. Ein Rundgang durch Kassel

Aufgeregt stehe ich vor dem Spiegel, denn heute ist mein erster Tag als Stadtführerin.

Ich heiße Manuela, bin 32 Jahre alt und wohne seit meiner Kindheit in Kassel. Hier bin ich **aufgewachsen**, hier ist mein Zuhause. Und dieses Gefühl möchte ich der Gruppe von Menschen weitergeben, die heute Nachmittag mit mir einen **Rundgang** durch Kassel macht. Viele sind das erste Mal in der Stadt und möchten etwas über ihre **Besonderheiten** lernen.

In **Gedanken** zähle ich alle wichtigen Punkte auf. Hoffentlich vergesse ich nichts!

Ich treffe meine Gruppe vor dem Rathaus. Es sind zwölf Menschen, zwei Kinder und zehn

Erwachsene. Das Rathaus ist ein riesiges, altes Gebäude mit einer großen Treppe. Rechts und links von der Treppe sitzen zwei goldene Löwen. Die Leute sehen neugierig aus und ich beginne mit meinem **Vortrag**:

„Kassel ist eine Stadt exakt in der Mitte von Deutschland. Sie liegt im Bundesland Hessen. Wir befinden uns in der Innenstadt. Im **Krieg** wurde die Innenstadt durch Bomben weitgehend **zerstört**. Deswegen gibt es hier auch nur wenige alte Häuser. Trotzdem ist Kassel eine tolle und interessante Stadt. Hinter jeder Ecke **versteckt sich** eine Geschichte." Ich **drehe mich um** und zeige auf das Rathaus.

„Dieses Rathaus gibt es seit dem Jahr 1909. Darin befinden sich die **Stadtverwaltung** und das **Standesamt**. Jeder Mensch, der nach Kassel **zieht**, heiraten möchte oder einen neuen **Ausweis** braucht, muss ins Rathaus gehen. Die beiden Löwen sind Symbole für das Bundesland

Hessen, auf dem **Wappen** von Hessen ist ein Löwe, der eine Krone trägt."

Wir **schlendern** die Königsstraße entlang, in Richtung Universität, und ich erzähle weiter: „Die Universität hat drei verschiedene **Standorte**: Die Kunsthochschule in der Nähe vom Park, die Ingenieursschule an der Wilhelmshöher Allee und die Fakultät für Geisteswissenschaften und Sprachen am Holländischen Platz. Die Studenten **nennen** diesen Standort „Hopla" und dort ist es am schönsten. Warum? Weil es dort eine interessante **Mischung** aus alten und neuen Gebäuden gibt. Eine große Bibliothek befindet sich in der Mitte und **ringsherum** sind Gebäude mit Seminarräumen, Cafés und kleine Wiesen und Bänke. Im Sommer sitzen viele Studenten **draußen** in der Sonne." Wir verlassen den Campus und gehen zum Stadtpark. Meine Gruppe **staunt** über die alten, dicken Bäume.

Ich erzähle weiter: „In meiner Freizeit gehe ich oft mit Freunden in den Park. Die **Kasseler** nennen ihn die Orangerie oder die Karlsaue. Er heißt Karlsaue, weil **Landgraf** Karl ihn im Jahr 1680 **geplant** hat. Der Park ist symmetrisch aufgebaut und sehr schön. Es gibt viele sehr alte Bäume und Wege, auf denen man spazieren gehen oder Fahrrad fahren kann. Manchmal setzen meine Freunde und ich uns auf eine der großen Wiesen und picknicken oder spielen Ball." Ein Baum auf einer **Wiese** sieht interessant aus und die Touristen **machen große Augen**: In den **Ästen** liegt ein sehr, sehr großer Stein.

„Wie ist das möglich?", fragen die Touristen. „Ein Baum kann nicht unter so einem großen Stein wachsen und ihn **anheben**!"

Wir gehen näher heran und schnell ist klar: Der Baum ist nicht echt! Ich erkläre, wieso der Baum hier steht: „Kassel ist documenta-Stadt." Niemand kennt diesen **Begriff,** also erkläre ich weiter: „Alle fünf Jahre findet in Kassel die documenta statt. Das ist eine wichtige und große **Kunstaustellung**, die 100 Tage lang dauert. In dieser Zeit kommen viele Touristen und Kunstliebhaber nach Kassel. In der ganzen Stadt können sie **Kunstwerke bewundern**. Einige Kunstwerke sind sehr groß und stehen draußen. Nach den 100 Tagen **bauen** die Künstler alles wieder **ab**. Doch manchmal bleibt ein Kunstwerk in der Stadt stehen. Dieser Baum ist so ein Kunstwerk. Es symbolisiert, wie schwierig Aufgaben in der **Zukunft** sind. Auf unserem Rundgang sehen wir später noch andere Kunstwerke."

Wir laufen zurück in die Innenstadt: Hier mache ich mit meiner Gruppe eine kurze Pause auf dem Königsplatz. Dieser Platz ist **kreisrund** und es gibt dort vielen Cafés und Restaurants. Der Platz liegt in der Fußgängerzone. Aber trotzdem fahren die Trams mittendurch. Deswegen muss man etwas **aufpassen**. Das Besondere an diesem Platz sind 36 **Wasserspeier** am **Rand**. Das Wasser plätschert in Richtung Platzmitte. Die **Bedeutung** von Wasser sehen wir auch an unserem nächsten **Halt**. Zuerst müssen wir aber mit der

Straßenbahn fahren, denn zu Fuß ist es zu weit. Wir steigen in die Linie 3 und fahren bis zur Endstation.

Wir gehen jetzt wieder zu Fuß und ich erzähle weiter: „Landgraf Karl hat den Stadtpark und noch ein anderes **Bauwerk** gebaut: eine Statue namens Herkules. Und da gehen wir jetzt hin. Er steht in einem Park auf einem **Hügel** am Ende der langen Wilhelmshöher Allee. Diese Straße ist mehrere Kilometer lang und ganz gerade. Wir sind sie gerade mit der Straßenbahn entlanggefahren. In Kassel heißen die Straßenbahnen Tram. Der Park rund um den Herkules heißt Bergpark Wilhelmshöhe. Dieser Park gehört seit dem Jahr 2013 zum UNESCO **Weltkulturerbe**. Das Besondere an dem Park sind die Wasserspiele, die dort **regelmäßig** stattfinden. Über viele Treppenstufen, **Windungen** und einen Wasserfall läuft viel Wasser vom Herkules hinunter bis in einen See. Viele Touristen freuen sich auf dieses **Ereignis**.“

Auf der anderen Seite vom Bergpark **befindet sich** ein Schloss. Von hier aus kann man die ganze Wilhelmshöher Allee überblicken, die in die Innenstadt führt. Der **Ausblick** ist fantastisch. Ich nutze die Chance und erzähle von zwei **berühmten** Brüdern, die in Kassel gelebt haben: „Vielleicht habt ihr schon einmal von Grimms **Märchen** gehört?", frage ich. Einige **Teilnehmer nicken**, andere schütteln mit dem Kopf. „Die Brüder Jacob und Wilhelm Grimm lebten von 1796 an in Kassel. Sie **erforschten** die deutsche Sprache und sammelten Geschichten und Märchen, die sie aufschrieben. Das berühmteste deutsche Buch heißt „Kinder- und Hausmärchen" und die Brüder Grimm haben es geschrieben. Die Märchen kann man heute in 170 Sprachen lesen, denn das Buch ist in der ganzen Welt bekannt. In Kassel gibt es eine Stadtführung, die das Leben der Brüder thematisiert. In der Grimmwelt, einem Museum, können Besucher alles über die Grimms erfahren und alte Dokumente bewundern."

Ein weiteres **Merkmal** möchte ich der Gruppe noch zeigen, bevor wir zurückfahren. Als das Sonnenlicht langsam **verschwindet**, sehen wir auf einmal einen grünen **Lichtstrahl** über der Stadt.

„Was ist das?", fragt ein kleines Mädchen.

„Das ist das Laserscape", erkläre ich. „Ein weiteres Kunstwerk. Seit der 6. documenta im Jahr 1977 leuchtet der grüne Laserstrahl nachts vom Planetarium direkt zum Herkules."

Der Tag geht zu Ende und wir sitzen wieder in der Tram. Ich frage: „Möchte jemand etwas **Schnucke**?" Fragende Gesichter. „Schnucke?", fragt ein Mann aus der Gruppe. **Lächelnd** ziehe ich eine Tüte mit Süßigkeiten aus der Tasche. Ich habe den ganzen Tag lang regionale **Ausdrücke vermieden**, damit mich jeder verstehen kann. Aber jetzt habe ich nicht daran gedacht, dass nicht alle Leute aus Hessen kommen. „Schnucke sagen wir hier zu Süßigkeiten oder Schokolade", erklärte ich. Alle sind hungrig und **greifen** in die Tüte.

Zurück in der Stadt **teilt** sich die Gruppe **auf**. Die Teilnehmer bedanken sich für den schönen Tag und ich wünsche ihnen einen tollen Abend. Als ich zuhause angekommen bin, lege ich mich **erschöpft** aufs Sofa. Die Stadtführung hat mir Spaß gemacht und ich freue mich schon auf einen neuen Tag und eine neue Gruppe, die Kassel **entdecken** möchte.

Glossar

- **aufgeregt** – emocionado
- **aufwachsen** – crecer, criarse
- **Rundgang** [der] – tour
- **Besonderheit** [die] – particularidad, peculiaridad
- **Gedanke** [der] – pensamiento
- **Vortrag** [der] – charla, (aquí) explicación
- **Krieg** [der] – guerra
- **zerstört** – destruido
- **sich verstecken** – esconderse
- **sich umdrehen** – girarse
- **Stadtverwaltung** [die] – administración municipal
- **Standesamt** [das] – registro civil
- **ziehen** – (aquí) mudarse de casa, trasladarse
- **Ausweis** [der] – tarjeta de identidad, cédula de identidad

- **Wappen** [das] – escudo
- **schlendern** – ir caminando
- **Standort** [der] – lugar, sitio
- **nennen** – llamarse
- **Mischung** [die] – mezcla, combinación
- **ringsherum** – en torno a él, a su alrededor
- **draußen** – afuera
- **staunen** – estar asombrado, maravillarse por
- **Kasseler/-in** – una persona de Kassel
- **Landgraf** [der] – príncipe (gobernante del territorio)
- **planten** – plantar
- **Wiese** [die] – prado, pradera
- **große Augen machen** – quedarse con los ojos como platos
- **Ast** [der] – rama
- **anheben** – levantar
- **Begriff** [der] – expresión, palabra
- **Kunstaustellung** [die] – exposición de arte
- **Kunstwerk** [das] – obra de arte

o **bewundern** – admirar, maravillarse con

o **abbauen** – desmontar

o **Zukunft** [die] – futuro

o **kreisrund** – circular, con forma de círculo

o **aufpassen** – tener cuidado

o **Wasserspeier** [der]– gárgola

o **Rand** [der] – lado, borde

o **Bedeutung** [die] – significado

o **Halt** [der] – parada

o **Bauwerk** [das] – edificio

o **Hügel** [der] – colina, cerro

o **Weltkulturerbe** [das] – Patrimonio de la Humanidad

o **regelmäßig** – regularmente, con regularidad

o **Windung** [die] – curva

o **Ereignis** [das] – ocasión

o **sich befinden** – encontrarse en un sitio, estar situado en un lugar

o **Ausblick** [der] – vista, panorama

o **berühmt** – famoso, conocido

o **Märchen** [das] – cuento de hadas

- **Teilnehmer** [der] – participante, asistente
- **nicken** – asentir, afirmar con la cabeza
- **erforschen** – explorar
- **Merkmal** [das] – característica
- **verschwinden** – desaparecer
- **Lichtstrahl** [der] – rayo de luz
- **Schnucke** [die; término regional] – caramelo
- **lächelnd** – sonriendo
- **Ausdruck** [der] – expresión, modismo
- **vermieden** – evitar
- **(zu)greifen** – servirse uno mismo
- **aufteilen** – dividir en trozos
- **erschöpft** – agotado, muy cansado
- **entdecken** – descubrir

Zusammenfassung

Die Stadtführerin Manuela freut sich auf ihre erste Tour durch Kassel mit einer Gruppe von Touristen. Zusammen besuchen sie interessante und schöne Orte der Stadt. Manuela kennt zu jedem Ort interessante Details. Die Gruppe lernt viel über die Geschichte Kassels und die Sehenswürdigkeiten. Ein besonderer Höhepunkt sind die Kunstwerke der Kunstausstellung documenta, die überall in der Stadt versteckt sind. Aber auch die schönen Parks und die Geschichte der Brüder Grimm dürfen bei einem Rundgang durch Kassel nicht fehlen. Am Ende des Tages überrascht Manuela alle mit einem regionalen Ausdruck, den keiner kennt: „Schnucke". Manuela spricht von Süßigkeiten und erklärt den hessischen Ausdruck. Abends kommt Manuela nach Hause und ist müde, aber glücklich. Am nächsten Tag begleitet sie eine andere Gruppe durch Kassel.

Fragen

1. Welche Sehenswürdigkeit besucht die Gruppe **nicht**?
   a. Den Herkules
   b. Die Karlsaue
   c. Den Himmelsstürmer
   d. Die Universität

2. Welches berühmte Brüderpaar lebte in Kassel?
   a. Die Brüder Schiller
   b. Die Brüder Grimm
   c. Die Brüder Goethe
   d. Die Brüder Lessing

3. Warum stehen zwei goldene Löwen vor dem Rathaus?
   a. Sie sind ein Symbol für Hessen.
   b. Sie sollen die Stadt beschützen.
   c. Sie demonstrieren Stärke und Macht.

d. Jemand hat sie dort abgestellt und
vergessen.

27

4. In welchem Rhythmus findet die
documenta statt?
   a. Alle zwei Jahre
   b. Alle drei Jahre
   c. Alle vier Jahre
   d. Alle fünf Jahre

Antworten

1. c

2. b

3. a

4. d

2. Neue Stadt – Neues Glück

„Morgen wird ein guter Tag!", dachte Julia. Sie stellte den letzten Umzugskarton in den Kellerraum, der zu ihrer neuen Wohnung **gehört**. Seit zwei Wochen wohnte sie schon in Hamburg, weil sie dort studieren wird. Aber sie kannte noch keine Leute in dieser neuen Stadt. Nur Bodo, ihr Hund, war bei ihr. Ihre Eltern sind zwei Tage in Hamburg geblieben und haben ihr beim **Umzug** geholfen. Dann war ihr Kurzurlaub zu Ende und Julia blieb mit vielen Kartons und Bodo in ihrer neuen Wohnung. Deshalb hat sie Tag für Tag alleine Möbel **aufgebaut**, Kisten ausgepackt und Schränke und Regale **eingeräumt**.

Als sie **sich umschaute**, war sie sehr zufrieden mit ihrer Arbeit. Endlich war alles an seinem Platz und sie konnte sich auf den nächsten Tag freuen: ihren 21. Geburtstag. Alle ihre Freunde aus der Heimat möchten sie besuchen und mit ihr feiern. Gemeinsam wollen sie an den Elbstrand gehen und abends in einem Restaurant essen. *„Vielleicht ist Max auch dabei"*, hoffte Julia. Seit einigen Monaten liebte sie ihren langjährigen **Kumpel**. Aber mit ihm darüber sprechen – das war **undenkbar**, denn Julia ist sehr schüchtern! Nur ihre beste Freundin Anna wusste von ihren Gefühlen für Max.

- DING DONG -

Pünktlich um 9 Uhr am nächsten Morgen klingelte es an der Tür. Fröhlich **sprang** Bodo hin und her und begrüßte die Gäste.

„Bodo, sitz!", **befahl** Julia und Bodo setzte sich brav auf die **Hinterpfoten**. Julia öffnete die Tür und die Gäste kamen herein: Michelle, ihr Freund Jan, Svenja, Anna und ... Max! Julias Herz **stolperte**, als er sie anlächelte. Aber die anderen holten sie schnell in die Realität zurück.

„*Alles Gute zum Geburtstag!*", rief Anna und **umarmte** Julia. In den Armen trug sie ein **riesiges** Geschenk mit blauem Geschenkpapier.

„*Herzlichen Glückwunsch!*", wünschten Jan, Svenja und Michelle. Auch sie hatten Geschenke dabei, die sie ihr gaben. Max betrat als letzter die Wohnung und gab Julia ein kleines Geschenk.

„**Mach** *es erst morgen* **auf!**" sagte er **geheimnisvoll** und folgte den anderen ins Wohnzimmer. Alle bewunderten Julias neue Wohnung und ihre **Einrichtung**.

„*Wow, du hast schon alles ausgepackt! Wie hast du das* **geschafft**?", fragte Svenja. Julia hob die Hände und lächelte.

„*Ich wollte, dass heute alles fertig ist. Aber ein oder zwei Wände möchte ich noch* **streichen**. *Weiß gefällt mir nicht.*" Sie wandte sich an Michelle und Jan: „*Würdet ihr mir dabei helfen?*"

„*Na, klar! Ruf uns an, bevor du anfängst. Ich würde eine Wand in Hellgrau streichen. Das ist* ein **Hingucker**. *Oder du könntest bunte* **Deko** *aufstellen."*

...

Die sechs Freunde und Bodo **machten sich auf den Weg**. Sie fuhren mit der U-Bahn an den Elbstrand. Die Geschenke, Badesachen, das Essen und eine Frisbee für Bodo nahmen sie mit. Der Hund liebte das Frisbee und freute sich auf das **Abenteuer**. Während der Fahrt **unterhielt** Michelle die Gruppe mit weiteren **Vorschlägen** für Julias neue Wohnung.

Endlich waren sie am Ziel angekommen. Das Wetter war perfekt: Die Sonne schien, das Wasser glitzerte und über ihnen flogen ein paar **Möwen**. Schnell suchten sie eine gemütliche Stelle an dem großen Sandstrand.

„Hier ist es genauso schön wie am Meer", sagte Anna und breitete ihr Handtuch aus. Alle setzten sich und aßen etwas. Dann packte Julia ihre Geschenke aus. Bevor sie das Papier öffnete,

befühlte sie das große, blaue Geschenk. Es war weich. Sie packte es aus und hielt ein großes Strandhandtuch in den Händen. Darauf waren die **Wahrzeichen** von Hamburg **abgebildet**: der Michel, die Elbphilharmonie und die Landungsbrücken.

„Wie praktisch! Dankeschön!", sagte Julia und setzte sich sofort darauf. Max **beobachtete** sie und lächelte.

„Gern geschehen! *Damit kannst du deine neue Heimat kennenlernen"*, antwortete Anna.

Von Svenja bekam Julia eine große Kaffeetasse. Michelle und Jan schenkten ihr ein Fotoalbum mit gemeinsamen Fotos, das sie selbst **gebastelt** hatten. Und was schenkte ihr Max? Darauf musste sie noch bis zum nächsten Tag warten...

Die Freunde **verbrachten** den ganzen Nachmittag am Elbstrand. Sie **warfen** sich den Frisbee **zu** und Bodo wollte es fangen. Svenja und Anna gingen zur „Strandperle", einer Bar direkt am Strand, und wollten sich kalte Getränke kaufen. Sie **guckten** irritiert, als der Verkäufer sie mit „Moin" **begrüßte**.

„*Moin?*", fragte Svenja Anna leise.

„*Ja*", sagte Anna. „*So begrüßt man sich hier in Hamburg, egal zu welcher Tageszeit. Wusstest du das nicht?*"

Sie bestellten und **verabschiedeten sich**. Er **schien** sie problemlos zu verstehen. Aber die Mädchen hatten einige Schwierigkeiten.

„***Kiek mol wedder in****", rief ihnen der Verkäufer fröhlich nach.

„*Also, daran muss mich erst **gewöhnen**", lachte Julia, als die beiden Mädchen ihr von dem Verkäufer erzählten.

...

Gegen Abend packten die Freunde ihre Sachen zusammen und machten sich auf den Weg zum Restaurant. Den **flachen** Strand haben sie längst hinter sich gelassen. Jetzt folgten sie dem Ufer entlang der Elbe. **Abwechselnd** warfen sie das Frisbee, das Bodo voller Freude **zurückholte**. Doch plötzlich – PLATSCH – landete das Frisbee im Fluss und Bodo sprang ohne **Zögern** hinterher.

„Bodo!", schrie Julia panisch. Wie sollten sie den kleinen Hund aus dem kalten Wasser **retten**? Die **Strömung** der Elbe war stark. Sie liefen neben Bodo her, der kraftvoll gegen die Strömung **kämpfte**.

Max zögerte nicht lange. Er **kletterte** eine **Leiter** an der Kaimauer hinunter und schwamm mit schnellen Zügen auf den Hund zu, packte ihn und schwamm mit nur einem Arm zurück. Mit großen Augen standen die Freunde am **Ufer** und halfen Max und Bodo aus dem Wasser. Beide **zitterten**.

„Du hast ihn gerettet!"

„Du bist ein Held", riefen sie durcheinander.

„Wie kann ich dir das nur danken?", fragte Julia
leise und nahm Bodo auf den Arm.

„Mit einem Handtuch. Das wäre nett." Max
zitterte immer noch. Schnell **zog** Julia das neue,
große Handtuch aus ihrer Tasche und legte es um
seine Schultern. Zum Glück hatte Max immer noch
seine Badehose an, sodass er **sich** nun abtrocknen
und **anziehen** konnte. Julia trocknete auch Bodo
gründlich ab.

Gemeinsam gingen sie ins Restaurant, sprachen
über die **Heldentat** von Max und **stießen** mit
einem Glas Sekt auf ihn und auf Julias Geburtstag
an. Julia hatte ein gutes Restaurant ausgesucht,
und das frisch vorbereitete Essen schmeckte
hervorragend. Nach dem Essen fuhren sie zurück
zu Julias Wohnung. Alle wollten bei ihr
übernachten und machten es sich in
Schlafsäcken bequem. Noch lange redeten sie
über den tollen Tag und schliefen **nach und nach**
ein.

...

Am nächsten Morgen verabschiedeten sich die Freunde und wünschten Julia einen schönen Start ins Studium. Max blieb als letzter bei Julia. Julia **erinnerte sich** an sein Geschenk und **holte** es **hervor**.

„Jetzt darfst du es auspacken", sagte Max. War er etwas nervös, oder fantasierte Julia das nur? Langsam **wickelte** sie das Geschenkpapier **ab**. Darin waren ein Kinogutschein und ein Brief:

„Liebe Julia,

Anna hat mir erzählt, dass du etwas für mich **empfindest***. Sei nicht böse auf sie! Ich bin froh, dass sie es getan hat, denn mir geht es genauso. Ich möchte gern noch viel mehr Zeit mit dir verbringen und immer in deiner Nähe sein.*

Dein Max"

Julia schaute ihn mit großen Augen an.

„Meinst du das **ernst***?"*, fragte sie.

„Natürlich", antwortete er.

„*Aber ich wohne jetzt in Hamburg. Wir werden uns nur selten sehen können*“, sagte sie traurig.

„*Falsch!*“, grinste Max und zog einen Brief von der Universität in Hamburg aus der Tasche. „*Ich habe gestern einen **Vertrag** für eine Wohnung **unterschrieben**. Nächste Woche ziehe ich auch nach Hamburg!*“

Glücklich umarmte Julia ihn. Nun begann für sie beide ein neuer **Lebensabschnitt** in einer neuen Stadt.

Glossar

- **gehören** – encontrarse en, tener su sitio en
- **Umzug** [der] – mudanza
- **aufbauen** – montar, (en Argentina y Chile) armar
- **einräumen** – colocar, organizar
- **sich umschauen** – mirar a su alrededor
- **Kumpel** – compañero, amigo; (en España) colega
- **undenkbar** – impensable, inconcebible
- **springen** – saltar
- **befehlen** – pedir, mandar
- **Hinterpfote** – pata trasera
- **stolpern** – caerse, desmayarse
- **umarmen** – abrazar a alguien
- **riesig** – enorme
- **aufmachen** – abrir algo
- **geheimnisvoll** – misterioso
- **Einrichtung** [die] – adornos
- **schaffen** – lograr hacer algo
- **streichen** – pintar

- **Hingucker** [der] – algo llamativo, que capta la atención
- **Deko** [Abkürzung für: Dekoration] – decoración
- **sich auf den Weg machen** – ponerse en camino a
- **Abenteuer** [das] – aventura
- **unterhalten** – entretener a alguien
- **Vorschlag** [der] – sugerencia
- **Möwe** [die] – gaviota
- **befühlen** – sentir
- **Wahrzeichen** [das] – símbolo (de una región o lugar)
- **abgebildet** – ser descrito como
- **beobachten** – observar
- **Gern geschehen!** – ¡De nada!, ¡El gusto es mío!
- **basteln** – crear algo (con las propias manos)
- **verbringen** – pasar tiempo/ gastar en algo/haciendo algo

- o **zuwerfen** – tirarle algo a alguien o a un animal
- o **gucken** – pasar a un sitio, entrar en un lugar
- o **begrüßen** – saludar, dar la bienvenida
- o **sich verabschieden** – despedirse
- o **scheinen** – aparecer
- o **Kiek mol wedder in*** [en el dialecto de Hamburgo: *Guck mal wieder hinein*] – Hasta la próxima. Literalmente, "vuelve a pasar adentro".
- o **sich gewöhnen** – acostumbrarse
- o **flach** – plano
- o **abwechselnd** – por turnos
- o **zurückholen** – ir a buscar o a recoger algo
- o **Zögern** [pl.] – duda
- o **retten** – salvar, rescatar
- o **Strömung** [die] – corriente (del río)
- o **kämpfen** – luchar
- o **klettern** – subir por
- o **Leiter** [die] – escalera (de mano)
- o **Ufer** [das] – orilla

- o **zittern** – temblar de algo (en este caso, de frío)
- o **ziehen** [Präteritum: zog] – estirar
- o **sich anziehen** – vestirse
- o **Heldentat** – acto heroico
- o **anstoßen** – brindar por alguien o algo
- o **Schlafsack** [der] – saco de dormir
- o **nach und nach** – poco a poco
- o **sich erinnern** – recordar
- o **hervorholen** – sacar
- o **abwickeln** – desenvolver
- o **empfinden** – sentir algo por alguien
- o **ernst** – de verdad, en serio
- o **Vertrag** [der] – contrato
- o **unterschreiben** – firmar
- o **Lebensabschnitt** [der] – etapa de vida

Zusammenfassung

Julia ist nach Hamburg gezogen, weil sie dort studieren möchte. Die letzten Wochen hat sie Umzugskartons ausgepackt und ihre Wohnung eingerichtet. Nun ist ihr 21. Geburtstag und ihre Freunde aus der Heimat und ihre heimliche Liebe Max kommen sie besuchen und möchten mit ihr feiern. Gemeinsam gehen die Gruppe und Julias Hund Bodo an den Elbstrand. Anna und Svenja wundern sich über den merkwürdigen Dialekt eines Verkäufers. Auf dem Weg zu einem Restaurant spielen sie Frisbee mit Bodo. Plötzlich fällt das Frisbee in die Elbe und Julia hat große Angst um ihren Hund. Max zögert nicht und rettet den Hund aus dem kalten Wasser. Nach dem Essen übernachten die Freunde in Julias Wohnung. Am nächsten Tag gibt Max Julia ein besonderes Geburtstagsgeschenk: Auch er hat Gefühle für sie und möchte in ihrer Nähe sein. Deswegen beginnt er ein Studium in Hamburg und zieht in die neue Stadt.

Fragen

1. Warum freut sich Julia auf ihren Geburtstag?

   a. Sie möchte mit Bodo spazieren gehen.

   b. Ihre Eltern kommen zu Besuch.

   c. Ihre Freunde kommen zu Besuch.

   d. Max lädt sie ins Kino ein.

2. Was schenken Svenja und Jan Julia zum Geburtstag?

   a. Einen Hund

   b. Ein Fotoalbum

   c. Ein Strandhandtuch

   d. Eine Tasse

3. Was ist auf dem Strandhandtuch?

   a. Möwen

   b. Fische

   c. Ein buntes Muster

   d. Die Wahrzeichen von Hamburg

4. Was tut Max, als Bodo in die Elbe springt?

a. Er schwimmt zu ihm und rettet ihn.

b. Er ruft die Feuerwehr an.

c. Er schreit laut um Hilfe.

d. Er fängt an zu weinen.

Antworten

1. c

2. b

3. d

4. a

3. Karneval in Köln

Es ist Februar und Oliver ist mit seinen Freunden Markus und Sven für ein Wochenende nach Köln gefahren. Zusammen möchten sie die Stadt **erkunden** und die fünfte Jahreszeit feiern: Karneval. Die Karnevalssaison hat bereits am 11.11. um 11:11 Uhr begonnen. Der Kölner Karneval ist ein großes Volksfest, das auf der ganzen Welt bekannt ist. Am meisten feiern die **Jecken** in der letzten Woche vor Aschermittwoch. Umzüge, Tanzabende und Partys **finden** täglich **statt**.

Diesen Spaß wollen die drei Freunde dieses Jahr mitmachen. Schon gestern, am Freitag, sind sie in der Stadt angekommen. Sie haben in einem Hotel ein Apartment gebucht. Einen Plan für das Wochenende haben sie nicht gemacht. Sie möchten sich spontan entscheiden und sich überraschen lassen, was der Tag für sie **bereithält**. Nachdem sie die Stadt erkundet haben, wollen sie am Abend feiern gehen.

...

Bevor es soweit ist, müssen sie **überlegen**, wie sie den Nachmittag verbringen möchten. Sven sitzt auf seinem Bett und googelt: *„Köln Wochenende Unternehmungen“*.

*„Leute, es gibt hier ein Schokoladenmuseum. Das muss ich **unbedingt** sehen! Und der Dom sieht auch interessant aus“*, sagt er.

*„Ich möchte auf jeden Fall mit der **Seilbahn** über den **Rhein** fahren“*, sagt Oliver.

„Und ich möchte einfach nur einen guten Burger essen. Ich habe Hunger!“, ruft Markus aus dem Badezimmer.

*„Okay, dann **los**! Wir haben viel vor“*, sagt Sven. *„Ich **schlage vor**, dass wir mit dem Burger anfangen. Ich habe auch Hunger.“*

Also machen sie sich auf den Weg. Sven hat gelesen, dass Köln sehr gute Fahrradwege hat. Deswegen **mieten** sie sich drei Fahrräder und fahren zu einem Burger-Restaurant in der Nähe. Als sie mit dem Essen fertig sind, hat es angefangen zu regnen. Den Besuch des Doms **verschieben** sie daher und fahren zuerst zum Schokoladenmuseum. Es liegt mitten im Wasser auf einer **Halbinsel** im Rheinauhafen. Früher war die Halbinsel ein **Hafen**, aber heute ist auf der Insel ein Wohn- und **Gewerbegebiet**. Die drei Freunde schließen ihre Fahrräder ab und gehen zu Fuß zum Museum. Hier erfahren sie alles über die Geschichte der Schokolade und moderne Produktionsweisen. Sogar Kakaobäume gibt es hier. Ein **Gerät** produziert Mini-Schokoladentafeln, die die Besucher am Eingang als Geschenk bekommen.

Nach dem Museumsbesuch hat der Regen **aufgehört**. Die Jungs **trocknen** ihre Fahrräder **ab** und fahren zum Kölner Dom. Das **Bauwerk** ist gigantisch groß.

Auf einer Informationstafel liest Oliver: „Der Bau des Kölner Doms dauerte von 1248 bis 1880. Im zweiten Weltkrieg wurde Köln von vielen Bomben getroffen. Aber der Dom blieb **unversehrt**. Deswegen wurde er ein emotionales Symbol für den Lebenswillen. Seit 1996 gehört er zum UNESCO-Weltkulturerbe.“

„*Wow*“, sagt Markus. „***Denkt** mal darüber **nach**, wie alt das Gebäude ist und was es schon erlebt hat!*“ ...

Plötzlich hören sie mehrere Leute rufen: „***Kölle Alaaf, Kölle Alaaf***“ und eine Gruppe **verkleideter** Jecken läuft über den Platz vor dem Dom. Alle haben **sichtlich** Spaß und die eine oder andere Bierflasche ist auch dabei.

Die Jungs wundern sich, warum die Leute jetzt schon feiern. Aber als sie auf die Uhr schauen, **erschrecken** sie **sich**. Es ist schon 18 Uhr. Schnell fahren sie zurück zum Hotel.

...

Das einzige, das die drei für dieses Wochenende geplant haben, sind die Kostüme. Karneval und Kostüme **gehören zusammen** wie Sonne und Meer! Ohne das eine macht das andere nur halb so viel Spaß!

Aber nicht jedes Kostüm ist ein gutes Kostüm. Der Februar in Deutschland ist sehr kalt. Mit einem Kostüm, das viel Haut zeigt, wird hier niemand glücklich. So ein Kostüm passt besser zum Karneval in Rio. Dort ist es warm genug. Deshalb haben sich alle drei warme Kostüme gekauft. Im Hotel probieren sie ihre Verkleidung an und **prüfen** ihr Outfit. Am Abend wollen sie damit in die Stadt gehen.

Oliver mag es einfach und praktisch. Er hat einen schwarz-weißen **Einteiler** gekauft, den er am Rücken mit einem **Reißverschluss** schließt. Das Ergebnis: eine **Kuh**! Um seinen Hals hängt eine **Glocke** und auf dem Kopf trägt er einen **Haarreif** mit zwei **Hörnern**. Vor Olivers Bauch baumelt ein rosafarbenes **Euter**. Sein Freund

Sven macht sich einen Spaß daraus, **fasst** das Euter **an** und beginnt ihn zu melken.

„Hahaha", lacht er. „Das wird ein Spaß! Heute Abend werden alle dein Euter anfassen!"

Sven liegt lachend auf dem Bett. Plötzlich hören er und Oliver ein **Fluchen** aus dem Nebenraum.

„Mist! Das darf doch nicht wahr sein!" Markus, kommt in Olivers Zimmer. Er hat ein Kleid aus pinken, glitzernden **Stoff** angezogen. Die **Oberweite** hat er mit Socken ausgestopft – aber ungleichmäßig. Unter dem Kleid trägt er alte, schmutzige **Turnschuhe**. „Ich habe meine **Perücke** zuhause vergessen!", ärgert sich Markus. „Ich kann doch nicht ohne Perücke gehen!"

„HAHAHA", lacht Sven und zeigt mit dem Finger auf Markus. „Hast du mal in den Spiegel geguckt?" Auch Oliver muss **schmunzeln**. Markus sieht wirklich lustig aus mit seinem Kleid, den schmutzigen Schuhen und der **fehlenden** Perücke.

„Eine Prinzessin ohne Perücke! Ich kann nicht mehr!" Sven lacht weiter und weiter. *„Dein* **Vollbart** *und die* **Glatze** *passen super zu dem pinken Kleid, hahaha!"*

Oliver beruhigt Markus: *„Mach dir keine Sorgen! Heute Abend gibt es bestimmt viele männliche Prinzessinnen ohne Perücke."*

Endlich hat auch Sven sein Kostüm angezogen. Er hat sich als Clown mit grünen Haaren und einer roten Nase verkleidet. Dazu trägt er **riesige** Schuhe.

...

Kurze Zeit später haben sich die Jungs einem **Karnevalsumzug** angeschlossen und laufen mit vielen anderen Menschen und Musik durch die Stadt. Alle haben Spaß, trinken **Kölsch** und rufen: *„Kölle Alaaf"*. Sven hatte Recht: Olivers Euter sorgt für lustige **Gespräche**. Außerdem haben sie bereits zwei andere Männer mit Prinzessinnenkleid getroffen, die ihre Perücke verloren haben. Sie trinken viel und **genießen** die Partystimmung. Die Kölner wissen, wie man richtig Karneval feiert.

Spät in der Nacht sind die drei wieder zurück im Hotel. Olivers Euter ist **zerrissen**, die Perücke von Sven hängt **schief** auf seinem Kopf, er trägt nur noch einen Schuh und Markus' Kleid ist schmutzig.

„Wow, was für ein Abend!", sagt Sven. *„Ich will sofort schlafen."* Nachdem sie sich ausgezogen und gewaschen haben, legen sich die drei Jungs in ihre Betten und schlafen sehr lange. Am nächsten Tag weiß niemand mehr, was sie am Abend **zuvor** erlebt haben. Aber eines ist sicher: Das Wochenende und der Karneval in Köln bleiben in ihrer **Erinnerung**.

...

Am Tag der **Rückreise** steht noch ein wichtiger Punkt auf dem Programm, den sie am Tag zuvor nicht **erledigt** haben: Oliver möchte gern mit einer Seilbahn über den Rhein fahren. **Gesagt, getan**.

Kurze Zeit später sitzen die Jungs in der Seilbahn. Sie **schaukelt** hin und her, denn draußen ist es windig.

„*Uhaa*", **stöhnt** Sven. „*Mir ist schlecht! Anhalten!*" Er sieht grün im Gesicht aus und hält sich den Bauch fest. Oliver und Markus fühlen sich auch nicht sehr wohl.

„*Das war eine **blöde Idee***", gibt Oliver zu. Alle sind froh, als die Fahrt vorbei ist. Sie fahren nach Hause und **schwören sich**, dass sie im nächsten Jahr einen besseren Plan machen, wenn die fünfte Jahreszeit beginnt.

Glossar

- **erkunden** – descubrir, explorar
- **Jeck** [der] – máscara (disfraz de carnaval parecido al de un bufón o payaso)
- **stattfinden** – tener lugar
- **bereithalten** – tener algo preparado
- **überlegen** – pensar sobre algo
- **Unternehmung** [die] – cosas que hacer
- **unbedingt** – sin falta, (en España) impepinablemente
- **Seilbahn** [die] – teleférico, funicular
- **Rhein** – el Rin (uno de los ríos europeos más grandes. Algunas de las ciudades más importantes que se encuentran a orillas del Rin son Basilea, Estrasburgo, Colonia, Düsseldorf y Rotterdam)
- **los!** – ¡vamos!
- **vorschlagen** – sugerir
- **mieten** – alquilar
- **verschieben** – posponer
- **Halbinsel** [die] – península

- **Hafen** [der] – puerto
- **Gewerbegebiet** [das] – polígono industrial, zona industrial
- **Gerät** [das] – aparato, dispositivo
- **aufhören** – terminar, concluir
- **abtrocknen** – secarse
- **Bauwerk** [das] – edificio
- **unversehrt** – intacto
- **nachdenken** – pensar sobre algo
- **Kölle Alaaf, Kölle Alaaf!** – grito típico del Carnaval de Colonia que quiere decir "no hay nada mejor que Colonia", o simplemente "hurra".
- **verkleidet** – disfrazado
- **sichtlich** – obviamente
- **sich erschrecken** – asustarse
- **zusammengehören** – ir juntos
- **prüfen** – probarse (una prenda de ropa)
- **Einteiler** [der] – mono, traje de una pieza, (en Latinoamérica) overol
- **Reißverschluss** [der] – cremallera
- **Kuh** [die] – vaca

- **Glocke** [die] – cencerro, campana
- **Haarreif** [der] – diadema
- **Horn** [das; pl.: Hörner] – cuerno
- **Euter** [der] – ubre
- **anfassen** – tocar, apretar
- **Fluchen** [das] – palabrota
- **Stoff** [der] – tela, tejido
- **Oberweite** [die] – talla de busto, medidas del busto
- **Turnschuh** [der] – zapatilla deportiva
- **Perücke** [die] – peluca
- **schmunzeln** – sonreir para uno mismo con satisfacción
- **fehlend** – que falta, que no está
- **Vollbart** [der] – barba completa, barba cerrada
- **Glatze** [die] – calva, cabeza calva
- **riesig** – enorme
- **Karnevalsumzug** [der] – desfile de carnaval

o **Kölsch** [das] – Kölsch (cerveza clara de fermentación superior elaborada en Colonia)

o **Gesprach** [das] – conversación

o **genießen** – disfrutar de algo

o **zerrissen** – roto, desgarrado

o **schief** – torcido

o **zuvor** – antes

o **Erinnerung** [die] – recuerdo

o **Rückreise** [die] – viaje de vuelta

o **erledigen** – llevar a cabo, hacer

o **Gesagt, getan!** – ¡Dicho y hecho!

o **schaukeln** – mecerse, oscilar

o **stöhnen** – quejarse, lloriquear

o **Mir ist schlecht!** – ¡Me siento mal!, ¡estoy mareado!

o **blöde Idee** – idea tonta

o **schwören sich** – jurarse a uno mismo

Zusammenfassung

Oliver, Markus und Sven planen ein Partywochenende in Köln. Es ist Karnevalssaison und sie haben sich ein Hotelzimmer gebucht und tolle Kostüme überlegt. Sie verkleiden sich am Abend als Kuh, Prinzessin und Clown. Sven lacht sehr über die Kostüme der anderen beiden. Bevor die Party beginnt, möchten sie aber die Stadt erkunden. Sie mieten Fahrräder und besuchen das Schokoladenmuseum und den Kölner Dom. Beides ist sehr interessant und sie möchten gern mehr Zeit beim Dom verbringen. Allerdings ist es schon spät. Deshalb fahren sie zurück zum Hotel und machen sich bereit für die Party. Die Fahrt mit der Seilbahn haben sie vergessen und holen sie deshalb am nächsten Tag nach. Allerdings haben sie bei der Party zu lange gefeiert und zu viel Kölsch getrunken. Deswegen geht es ihnen am nächsten Tag nicht gut. Trotzdem fahren sie mit der Seilbahn und erkennen schnell ihren Fehler.

Fragen

1. Was besuchen die drei Freunde in Köln?

    a. Den Rhein

    b. Das Schokoladenmuseum

    c. Den Weihnachtsmarkt

    d. Die Hohenzollern Brücke

2. Warum lacht Sven nicht über das Kostüm von Markus?

    a. Markus hat seine Perücke vergessen.

    b. Markus trägt ein Kleid und Turnschuhe.

    c. Markus trägt Lippenstift.

    d. Das Kleid sieht zusammen mit der Glatze und dem Vollbart lustig aus.

3. Warum gehen die Jungs erst später zum Dom?

    a. Weil er im Dunkeln schöner aussieht.

    b. Weil sie getrödelt haben.

    c. Weil sie keine Lust auf den Dom hatten.

    d. Weil es geregnet hat.

4. Was rufen die Kölner beim Karneval?

    a. Kölle Alaaf!

    b. Köln Helau!

    c. Köln ist super!

    d. Kölsch für alle!

Antworten

1. b

2. c

3. d

4. a

Si te está gustando este libro, ¿serías tan amable de dejar tu opinión sobre él en Amazon? ¡Lo apreciaríamos mucho!

¡Gracias!

Y ahora, ¡te esperan dos emocionantes relatos más en las páginas siguientes!

4. Wintermärchen in München

Endlich **war es soweit**. Lisa freute sich schon seit Wochen auf den Urlaub in München. Die Familie wollte eine Woche in der Stadt bleiben und sich dort mit Lisas Großeltern treffen. Sie haben sie schon lange nicht mehr gesehen. Immer wieder hat Lisa ihre Eltern gefragt, wann sie endlich losfahren. Und heute war der große Tag.

Es war Dezember und bitterkalt. Lisas Vater heißt Johann. Er überprüfte den **Reifendruck**, den **Ölstand** und das **Frostschutzmittel** und tankte das Auto. Dann packte er Koffer und Taschen, einen **Schlitten**, Lisas Kuschelhasen, Decken, winterfeste **Schneeanzüge** und Schuhe für die ganze Familie in den Kofferraum. Schließlich lag eine sehr lange Fahrt vor ihnen. Als er fertig war,

klatschte er in die Hände und sagte: „*Alles startklar! Von mir aus können wir losfahren.*" Aber er musste warten, denn Lisa und ihre Mutter Andrea waren noch nicht fertig.

...

Lisa war sieben Jahre alt, ging in die erste Klasse und liebte Eiscreme und die Sonne. Aber am liebsten mochte sie den Winter und Schnee. Mit ihren Freunden machte sie regelmäßig Schneeballschlachten und baute Schneemänner. Ihre Mutter hat ihr gesagt, dass es in Bayern (das ist das Bundesland, in dem München liegt) im Winter viel mehr Schnee gibt als im Norden von Deutschland. Lisa war noch nie in München, aber sie **stellte** es sich wunderschön **vor**: **schneebedeckte** Häuser und Bäume, glitzernde Seen, auf denen man **Schlittschuhlaufen** konnte, große **Hügel** zum Schlittenfahren. Hach, ihr Herz sprang und Lisa sprang auch.

„*Du musst **stillhalten**, Lisa*", sagte ihre Mutter. „*Sonst kann ich deine **Zöpfe** nicht **flechten**.*"

Mühsam band Lisas Mutter ein Haargummi um die braunen Haare ihrer Tochter. *„Naja, nicht schön, aber selten"*, sagte sie und ging in die Küche. Dort **schmierte** sie ein paar Brote, füllte Tee und Kakao in Thermoskannen und packte alles in einen **Korb**.

„Zieh deine Jacke und Schuhe an, Lisa! Wir wollen gleich losfahren", rief Andrea. Schnell zog Lisa sich an und wartete **ungeduldig** im Auto. Johann saß bereits auf dem Fahrersitz und endlich kam auch Andrea aus dem Haus. Die Reise begann.

...

Die erste Stunde auf der Autobahn verging schnell. Sie spielten lustige Autospiele, Andrea las aus einem Buch vor und Lisa spielte mit ihrem Kuschelhasen. Aber schon bald wurde ihr langweilig. Die Kinderbücher, die sie mitgenommen hat, waren uninteressant und draußen sah alles gleich aus.

„*Wann sind wir endlich da?*“, fragte Lisa immer und immer wieder. Und immer wieder war die Antwort: „*Bald! Ein kleines Stückchen müssen wir noch fahren.*“

Aus zwei Stunden wurden drei und dann vier. Sie machten eine kurze Pause an einer **Raststätte**, wo sie die Brote aßen und Tee und Kakao tranken. Nach sechs langen Stunden **kamen** sie endlich in München **an**. Auf der Autobahn gab es einen **Schneesturm**, deswegen mussten sie die letzten Kilometer sehr langsam fahren.

In München haben Andrea und Johann eine Ferienwohnung für alle **gemietet**. Lisas Großeltern waren schon da und warteten auf die kleine Familie.

„*Oma! Opa!*“, rief Lisa **begeistert** und umarmte die beiden.

„*Hallo, mein kleiner **Schatz***“, sagte Oma. „*Wie geht es dir? War die Fahrt lang?*“

„*Viel zu lang!*", antwortete Lisa und **rollte mit den Augen**. „*Was machen wir heute? Ich will alles sehen*", rief Lisa begeistert.

Doch es war schon spät. An diesem Tag blieben alle in der Wohnung, kochten gemeinsam ein leckeres Abendessen und spielten Brettspiele.

...

Am nächsten Tag wachte Lisa früh auf. Sie **staunte**, als sie aus dem Fenster sah. Überall war es weiß, denn in der Nacht hat es geschneit. Die **Äste** der Bäume **bogen** sich nach unten, weil der Schnee so schwer war und alle Fußgänger gingen sehr **vorsichtig**, denn die Gehwege waren sehr **glatt**.

„*Juhuuuu*", rief Lisa und lief in das Schlafzimmer ihrer Eltern. „*Wacht auf, wacht auf! Es hat geschneit!*"

„*Nur noch fünf Minuten*", murmelte Johann und zog die Decke über seinen Kopf.

„Nein, ihr müsst sofort aufstehen, damit wir rausgehen können."

Lisa lief zu ihren Großeltern. Auch sie schliefen noch **tief** und fest.

Endlich saßen eine Stunde später alle am Frühstückstisch und machten Pläne für den Tag. Und dann ging es los.

Sie fuhren zum Perlacher Forst. Das ist der **Wald** im Süden von München. Hier machten sie einen Waldspaziergang durch den Schnee. Lisa machte große Augen. So viel Schnee hat sie noch nie gesehen. In dem Wald gab es einen Hügel mit einem komischen Namen: der Perlacher Mugl. Dort konnte man super **rodeln** und Lisa freute sich, dass Papa an den Schlitten gedacht hatte. Es waren nicht viele Familien dort, denn der Mugl ist im Wald versteckt. Aber ein paar wilde Hasen waren dort und hoppelten durch den Schnee. Schon bald war Lisa **erschöpft** und wollte sich aufwärmen.

„Kein Problem", sagte Oma. „**Lasst uns** zurück in die Stadt fahren und dort einen schönen, warmem Kakao trinken."

„Oh ja", sagte Lisa und sie spazierten zurück.

...

Am nächsten Tag hatte Opa eine besondere Überraschung: „Der Nymphenburger Kanal ist **zugefroren**. Das ist das letzte Mal vor fünf Jahren passiert."

„Was bedeutet das?", fragte Lisa.

„Das bedeutet, dass wir dort Schlittschuh laufen dürfen", sagte Opa. Lisa sprang von ihrem Stuhl auf.

„Wirklich? Juhuuu!"

Als sie ankamen, sah alles aus wie in einem **Märchen**. Das Eis glitzerte, überall waren kleine Laternen und einige Leute fuhren über das Eis. Im **Hintergrund** sahen sie schneebedeckte Bäume und am **Ufer** standen viele kleine **Buden**. Dort konnte man Waffeln, **Berliner** und heiße Getränke kaufen.

Schnell zogen alle ihre Schlittschuhe an. Lisa wollte unbedingt Eislaufen lernen, denn das hat sie vorher noch nie gemacht. Zusammen mit Papa übte sie. Zuerst hielt er sie fest, denn sie war sehr **wackelig** auf den Beinen. Ab und zu fiel sie hin, aber sie stand sofort wieder auf und übte weiter. Nachdem sie ein paar Mal gemeinsam hin und her gefahren sind, wollte Lisa es allein versuchen. Es klappte sehr gut und schon bald **überholte** sie Oma und Opa. Das wollten sie feiern. Deswegen kaufte Andrea am Abend Waffeln und Tee für alle.

Das war ein schöner Tag und Lisa war traurig, weil der Urlaub so schnell verging.

...

An ihrem letzten Tag in München besuchten Johann, Andrea, Lisa, Oma und Opa den Botanischen Garten. Draußen war es bitterkalt, aber in diesem großen **Gewächshaus** war es

angenehm warm. Lisa entdeckte viele Pflanzen, die sie nie zuvor gesehen hatte, und roch an vielen Blumen. Sie hatten Glück, denn heute gab es eine **Schmetterlingsausstellung** im Botanischen Garten. Hunderte Schmetterlinge flogen frei herum und die Besucher durften mit ihnen Fotos machen. Das war etwas ganz Besonderes. Zuhause im Garten sah Lisa nur **selten** Schmetterlinge.

Viel zu schnell war der Abreisetag da. Papa packte alle Sachen in das Auto. Oma und Opa **verabschiedeten sich** von der Familie und Lisa war sehr traurig.

„Kommt ihr uns bald besuchen?", fragte sie.

„Natürlich", sagte Oma. *„Wir kommen auf jeden Fall zu deinem Geburtstag."*

Das **tröstete** Lisa und sie stieg mit ihrer Mutter ins Auto ein. Die Rückfahrt dauerte zum Glück nur fünf Stunden. Aber auch fünf Stunden waren eine lange Zeit für ein siebenjähriges Mädchen. Sie wollte schnell nach Hause, damit sie ihren

Freunden von München **erzählen** konnte. Außerdem hat sie für ihre beste Freundin etwas mitgebracht: ein **Lebkuchenherz**. Darauf stand mit **Zuckerguss** der **Spruch**: „Ich liebe München".

Glossar

- **Es ist soweit** – ha llegado el momento
- **Reifendruck** [der] – presión de los neumáticos
- **Ölstand** [der] – nivel de aceite
- **Frostschutzmittel** [das] – anticongelante
- **Schlitten** [der] – trineo
- **Schneeanzug** [der] – traje de nieve
- **klatschen** – dar una palmada
- **vorstellen** – imaginarse algo
- **schneebedeckt** – cubierto de nieve
- **Schlittschuhlaufen** [das] – patinaje sobre hielo
- **Hügel** [der] – colina, cerro
- **stillhalten** – quedarse quieto
- **Zopf** [der] – trenza
- **flechten** – trenzar (el cabello)
- **mühsam** – con esfuerzo
- **schmieren** – untar
- **Korb** [der] – cesta
- **ungeduldig** – impacientemente

o **Raststätte** [die] – área de servicio, área de descanso

o **ankommen** – llegar

o **Schneesturm** [der] – tormenta de nieve

o **mieten** – alquilar

o **begeistert** – entusiasmado

o **Schatz** [der] – cariño, mi vida

o **mit den Augen rollen** – poner los ojos en blanco

o **staunen** – estar asombrado, no dar crédito

o **Ast** [der] – rama

o **biegen** [biegt, bog, gebogen] – doblar

o **vorsichtig** – con cuidado, con precaución

o **glatt** – resbaladizo

o **tief** – profundo, profundamente

o **Wald** [der] – bosque

o **rodeln** – deslizarse en trineo

o **erschöpft** – agotado, muy cansado

o **Lasst uns** ... – hagamos (algo), vamos a (hacer algo)

o **zugefroren** – congelado

o **Märchen** [das] – cuento de hadas

- o **Hintergrund** [der] – fondo
- o **Ufer** [das] – orilla
- o **Bude** [die] – puesto, (en España) chiringuito, (en Ecuador) hueca
- o **Berliner** [der] – donut, (en Latinoamérica) dona
- o **wackelig** – inestable
- o **überholen** – adelantar (a otro coche)
- o **Gewächshaus** [das] – invernadero
- o **angenehm** – agradable
- o **Schmetterlingsausstellung** [die] – exposición de mariposas
- o **selten** – rara vez, en pocas ocasiones
- o **sich verabschieden** – despedirse
- o **trösten** – consolar
- o **erzählen** – contar, explicar (una historia)
- o **Lebkuchenherz** [das] – corazón de galleta de jengibre
- o **Zuckerguss** [der] – glaseado de azúcar
- o **Spruch** [der] – frase, lema

Zusammenfassung

Lisa ist aufgeregt, denn sie fährt mit ihren Eltern nach München in den Urlaub. Dort haben sie eine Ferienwohnung gemeinsam mit Lisas Großeltern gemietet. Die Fahrt dauert sehr lange und Lisa langweilt sich im Auto. In München erlebt Lisa jeden Tag etwas Neues mit ihrer Familie. Zuerst machen sie einen Waldspaziergang im Perlacher Forst. Dort ist ein Hügel, auf dem sie rodeln gehen. Am nächsten Tag fahren sie Schlittschuh auf einem Kanal. Es sieht aus wie in einem Märchen und Lisa lernt Schlittschuhlaufen mit ihrem Vater. Am Ende von dem Urlaub besuchen alle den Botanischen Garten, wo es viele Pflanzen und Schmetterlinge gibt. Lisa wünscht sich, dass der Urlaub nie zu Ende geht. Aber leider kommt der letzte Tag und sie ist traurig. Aber ihre Oma und ihr Opa kommen sie bald besuchen. Zuhause will Lisa ihren Freunden von München erzählen und ihrer besten Freundin ein Geschenk geben.

Fragen

1. Lisa liebt Schnee, Sonne und ...
    a. Eiscreme
    b. Bretzeln
    c. Hunde
    d. Pferde

2. Wie lange dauert die Fahrt nach München?
    a. 2 Stunden
    b. 3 Stunden
    c. 5 Stunden
    d. 6 Stunden

3. Was lernt Lisa auf dem Kanal?
    a. Rodeln
    b. Schlittschuh laufen
    c. Schaukeln
    d. Klettern

4. Warum will Lisa schnell wieder nach Hause?

a. München gefällt ihr nicht.

b. Sie hat sich mit Oma gestritten.

c. Sie will ihren Freunden von dem Urlaub erzählen.

d. Sie vermisst ihren Hund.

Antworten

1. a

2. d

3. b

4. c

5. Neustart in Würzburg

Clara **blickte sich** in ihrer Wohnung **um**. Ja, so sah alles gut aus. Sie hat die Sofadecke **ordentlich** zusammengelegt, das Badezimmer und die Küche geputzt, die komplette Wohnung gesaugt und den Müll nach **draußen** gebracht. Warum sie das alles heute getan hat? Weil heute ihre Eltern zu Besuch kommen. Und Eltern wollen immer wissen, dass es ihren Kindern gut geht und sie ihr Leben allein **meistern** können. **Krümel** auf dem Teppich oder ein **dreckiger** Badezimmerspiegel – diese **harmlosen** Dinge **deutete** Claras Mutter oft **falsch**. Schnell wurde **aus einer Mücke ein Elefant** und aus ein paar Krümeln eine total **verdreckte** Wohnung. Clara wusste, dass ihre Mutter es gut meinte und **sich** nur **Sorgen machte**. Alle Mütter machen sich **ständig** Sorgen. Aber diesen **Streit** wollte sie heute vermeiden. Ihre Eltern kamen nicht oft zu Besuch, denn sie hatten noch eine zweite Tochter (Claras kleine Schwester Leonie), um die sie **sich kümmern** mussten.

Leonie war 12 Jahre alt und hatte Diabetes. Das war ein weiterer Grund für viele Sorgen. Zuhause **drehte sich** alles um Leonie, das Essen und die **Auswirkung** des Essens auf Leonies Blutzucker. Clara verstand, dass ihre Eltern auf Leonie aufpassen mussten und dass ein einfaches Brötchen mit Marmelade den Tag ruinieren konnte. (Leonie aß gerne süße Lebensmittel und das war oft ein Problem.)

Clara mochte ihre Schwester sehr gern. Sie konnte nichts für die Krankheit. Trotzdem war Clara froh, als sie nach dem Abitur **auszog** und ihr eigenes Leben begann – in Würzburg. Hier studierte sie Germanistik und die Stadt war wunderbar. Es gab so viel zu entdecken. Letztes Jahr im Herbst hat ihr **Abenteuer** begonnen. Sie hatte schon viele neue Freunde gefunden und schöne Plätze in Würzburg entdeckt. Das Studium machte ihr großen Spaß. Dies war das Leben, das sie bei ihren Eltern vermisst hatte.

Zu Hause lebte Claras Familie in einem kleinen **Dorf**. Dort gab es nichts. Nichts **außer** alten Menschen, Kühen, Pferden, Wäldern und Bauernhöfen. Es gab keine Cafés, keine Bars, keine jungen Leute in ihrem Alter und kein Kino. Nur 700 Menschen lebten in dem kleinen Dorf. Immer wenn Clara etwas mit Freunden **unternehmen** wollte, musste sie mit dem Auto ihrer Eltern in die nächste Stadt fahren. Dort war ein bisschen mehr Leben als auf dem Land. Aber Würzburg **gefiel** ihr noch besser. Hier **war** jeden Tag etwas **los** und alles war in der Nähe.

An diesem Wochenende verbrachte Leonie das Wochenende bei den Großeltern. Clara wollte ihren Eltern die Stadt zeigen und mit ihnen all ihre Lieblingsorte besuchen.

...

Es klingelte an der Tür und Clara sprang auf.

„Hallo, mein Schatz", sagte Claras Mutter, als sie die Wohnung betrat. *„Wie geht es dir? Hast du dich gut **eingelebt**?"* Sie **umarmte** Clara und zog ihre Jacke aus. Claras Mutter heißt Susann. Sie ist eine kleine Frau und hat kurze braune Haare.

„Na klar, Mama", antwortete Clara. *„Ich wohne doch schon seit sechs Monaten hier."*

„Hallo, Kleine", sagte auch ihr Vater Bernd. Er ist etwas größer als Susann, hat kurze graue Haare und einen dicken Bauch, auf den er ein bisschen **stolz** ist. Aber Clara und Susann sagten ständig, dass er **abnehmen** müsse, wenn er gesund bleiben möchte. Bernd wusste das, aber er aß einfach viel zu gern und **machte sich** wenig **Gedanken** über die Gesundheit.

Während Clara und Bernd über die Autofahrt sprachen, **schaute** Susann **sich** im Zimmer **um**. Clara **bemerkte** die Inspektion ihrer Mutter und

amüsierte sich still darüber, dass sie es gewusst und alles sauber gemacht hat. Auch Bernd bemerkte das typische **Verhalten** von Susann und **zwinkerte** Clara **zu**. Beide lachten und Susann **blickte** zu ihnen **herüber**. Sie sah **ertappt** aus.

„Ja, ja, schon gut. Ich **höre auf***", lachte sie. „Hier ist alles tipptopp."*

„Prima, dann können wir jetzt **losgehen***", sagte* Clara. Es war 12 Uhr und alle waren hungrig. Deswegen **führte** Clara ihre Eltern zuerst in ein Restaurant – ein vegetarisches! Clara war gespannt, was ihr Vater dazu sagte. Zuhause aß er viel Fleisch, das von einem der **benachbarten Bauernhöfe stammte**. Doch in der Stadt war gutes Bio-Fleisch nur schwer zu bekommen. Deswegen aß Clara meistens vegetarisch. Die Tiere in **Massentierhaltungen taten** ihr **leid**. Also ging sie mit ihren Eltern zum Restaurant Veggie Bros. Bernd guckte **zuerst** skeptisch, aber als er seinen vollen Teller sah, war er glücklich.

„Na also, auch vegetarisches Essen macht satt!", sagte Clara nach dem Essen.

...

Mit vollen **Mägen** gingen sie zur **Festung** Marienburg. Die **Aussicht** von oben war fantastisch. Man konnte über ganz Würzburg sehen. Sie setzten sich auf eine **Mauer** und **genossen** die Aussicht. Clara erzählte, dass abends viele junge Leute hierherkommen und sich auf Picknickdecken setzen. Clara fragte ihre Eltern nach **Neuigkeiten** von zu Hause: *„Wie geht es Leonie?"*

„Ihr geht es gut", sagte Bernd. *„Aber es gibt die* **üblichen Streitereien.** *Du erinnerst dich bestimmt daran."* Clara versuchte ihre Eltern zu **besänftigen**.

„Geht es um das Essen? Ihr solltet ihr nicht zu viele **Vorschriften** *machen. Sie ist ein Teenager. Dieses Alter ist auch ohne Krankheit eine*

schwierige Zeit. Wisst ihr noch, wie **zickig** ich **damals** war?"

„Du hast Recht", sagte Susann. „Aber es ist wichtig, dass sie nicht so viel Süßes isst!"

„Wenn ein **Verbot** nicht hilft, **schlage** ich **vor**, dass ihr einen Kompromiss macht."

„Einen Kompromiss? Wie meinst du das?"

„Kauft keine süßen Lebensmittel mehr, sondern macht eure Kuchen und Marmeladen selbst. Eine Freundin von mir ist auch Diabetikerin. Sie backt ihre Kuchen ohne Zucker. **Stattdessen** nimmt sie einen **Zucker-Ersatz**. Das **klappt** auch mit Marmelade", erklärt Clara. Bernd blickt in die **Ferne** über Würzburg.

„Zucker-Ersatz... das habe ich noch nie gehört. Kann man das hier kaufen?", fragt er.

„Bestimmt!"

Gemeinsam gingen sie wieder in die Innenstadt. Dort gab es einen großen Supermarkt, viel größer als der kleine **Laden** im Dorf von Claras Eltern. Schnell hat Clara das Regal mit dem Zucker-Ersatz gefunden. Es gab verschiedene Sorten. Natürlich waren die Produkte teurer als normaler Zucker. Aber Claras Eltern kauften trotzdem von jedem eins. Sie wollten alles **ausprobieren**.

„Das ist toll", rief Susann. *„Vielleicht hört der Streit jetzt endlich auf."*

...

Zur Feier des Tages ging Clara mit ihren Eltern zur alten Mainbrücke. Diese Brücke ist sehr alt und etwas Besonderes. An jedem Ende stand ein **Stand**. Dort konnte man den **berühmten Brückenschoppen** kaufen. Das ist ein Wein in einem Glas, das man mit auf die Brücke nehmen darf. Würzburg ist bekannt für seine tollen Weine. Dazu gab es **Gebäck** und ein Straßenmusiker spielte auf seiner Gitarre. Von der Brücke aus konnte man die Festung sehen und den **Main** beobachten. Die Sonne schien, sodass das Wasser

glitzerte. Am anderen Ende der Brücke gaben sie ihre Gläser zurück.

Abends riefen sie Leonie und die Großeltern an. Sie erzählten von dem Zucker-Ersatz und Leonie freute sich sehr. Sie und Susann wollten am kommenden Sonntag einen Kuchen damit backen.

Clara war froh, dass sie an diesem Wochenende **gleichzeitig** Leonie helfen konnte und ein Wochenende mit ihren Eltern verbringen konnte. Am Sonntag fuhren Susann und Bernd zurück nach Hause. Ihnen hat Würzburg gut gefallen. Sie **verabschiedeten sich** von ihrer Tochter und waren sicher, dass sie das Leben in der Stadt sehr gut meisterte.

Glossar

- **sich umblicken** – mirar a su alrededor
- **ordentlich** – ordenado, organizado
- **draußen** – afuera
- **meistern** – dominar, tener bajo control
- **Krümel** [der] – miga
- **dreckig** – sucio
- **harmlos** – inofensivo
- **falsch deuten** – malinterpretar
- **aus einer Mücke einen Elefanten (machen)** – hacer una montaña de un grano de arena
- **verdreckt** – sucio
- **sich Sorgen machen** – preocuparse
- **ständig** – constantemente
- **Streit** [der] – discusión, riña, pelea, disputa
- **sich kümmern** – cuidar a alguien
- **sich** [um jemanden] **drehen** – estar a punto de hacer algo
- **Auswirkung** [die] – consecuencia, efecto

- o **ausziehen** – mudarse
- o **Abenteuer** [das] – aventura
- o **Dorf** [das] – pueblo
- o **außer** – excepto, aparte de
- o **unternehmen** – llevar algo a cabo
- o **gefallen** [gefällt, gefiel, gefallen] – gustar, complacer a alguien
- o **los sein** – estar pasando, estar sucediendo
- o **sich einleben** – asentarse en
- o **umarmen** – abrazar
- o **stolz** – orgulloso
- o **abnehmen** – adelgazar
- o **sich Gedanken machen** – preocuparse
- o **sich umschauen** – mirar alrededor de uno
- o **bemerken** – darse cuenta
- o **sich amüsieren** – divertirse, pasárselo bien
- o **Verhalten** [das] – comportamiento
- o **zuzwinkern** – guiñarle el ojo a alguien
- o **herüberblicken** – mirar por encima de algo

- o **ertappt** – atrapado con las manos en la masa
- o **aufhören** – parar
- o **losgehen** – partir, salir a un sitio
- o **führen** – liderar, guiar
- o **benachbart** – vecino, en las inmediaciones
- o **Bauernhof** [der] – granja
- o **stammen** – proceder de, provenir de
- o **Massentierhaltungen** [die] – cría de animales a gran escala
- o **tut leid** – sentir pena por
- o **zuerst** – al principio, en un primer momento
- o **Magen** [der] – tripa, abdomen
- o **Festung** – [die] fortaleza
- o **Aussicht** [die] – vista, panorama
- o **Mauer** [die] – muro
- o **genießen** [genießt, genoss, genossen] – disfrutar de algo
- o **Neuigkeit** [die] – noticias
- o **üblich** – normal, habitual

- o **Streiterei** [die] – discusión
- o **besänftigen** – calmarse
- o **Vorschrift** [die] – consejo, recomendación
- o **zickig** – que se ofende con facilidad, picajoso
- o **damals** – por aquel entonces
- o **Verbot** [das] – prohibición
- o **vorschlagen** – sugerir
- o **stattdessen** – en lugar de
- o **Zucker-Ersatz** – sustituto del azúcar, sucedáneo del azúcar
- o **klappen** – hacer ejercicio, ponerse en forma
- o **Ferne** [die] – distancia
- o **Bestimmt!** – ¡por supuesto!
- o **Laden** [der] – tienda
- o **ausprobieren** – probar algo
- o **zur Feier des Tages** – para celebrar la ocasión
- o **Stand** [der] – (aquí) principio
- o **berühmt** – famoso

- **Brückenschoppen** [der; término regional] – en Würzburg, una copa de vino sobre el Puente Viejo
- **Gebäck** [das] – bollos, galletas, panes dulces
- **Main** [der] – El río Meno (río de Alemania, a orillas del cual se encuentran las siguientes ciudades: Frankfurt del Meno y Würzburg)
- **glitzern** – brillar, relucir
- **gleichzeitig** – simultáneamente, a la vez
- **sich verabschieden** – despedirse

Zusammenfassung

Die Studentin Clara wohnt in Würzburg. Ihre Eltern und ihre Schwester leben in einem kleinen Dorf auf dem Land. Clara ist froh, dass sie nun in der Stadt wohnt. Bei einem Besuch möchte Clara ihren Eltern die Stadt zeigen, dass sie für sich allein sorgen kann und mit ihnen ein schönes Wochenende verbringen. Sie besuchen ein Restaurant, die Festung und die Mainbrücke. Leider gibt es zu Hause viel Streit zwischen Claras Schwester Leonie und den Eltern. Leonie ist Diabetikerin und darf deswegen nur wenig süße Lebensmittel essen. Aber Clara hat eine Idee. Mit einem Zucker-Ersatz kann die Familie Lebensmittel herstellen, die süß sind und wenig Zucker enthalten. Nach diesem tollen Einfall sind Claras Eltern davon überzeugt, dass Clara sehr gut für sich sorgen und Probleme lösen kann. Deswegen sind sie beruhigt, als sie wieder nach

Hause fahren müssen. Dort wartet Leonie, die mit ihrer Mutter einen zuckerfreien Kuchen backen möchte.

Fragen

1. Wo gehen Clara und ihre Eltern zuerst hin?
    a. Zur Festung Marienburg
    b. Zur alten Mainbrücke
    c. Ins Restaurant Veggie Bros
    d. In den Supermarkt

2. Warum darf Leonie nur wenig Zucker essen?
    a. Weil sie übergewichtig ist.
    b. Weil sie Probleme mit den Zähnen hat.
    c. Weil ihre Eltern auf gesunde Ernährung achten.
    d. Weil sie Diabetikerin ist.

3. Wer sitzt oft abends auf der Mauer bei der Festung Marienburg?
    a. Junge Leute mit Picknickdecken
    b. Rentner mit Gehstöcken
    c. Schulklassen mit ihren Lehrern
    d. Erwachsene mit einem Glas Wein

4. Was ist das Besondere an der Mainbrücke?

    a. Sie besteht aus Holz.

    b. Man kann dort den Brückenschoppen
       kaufen.

    c. Sie ist 300 Meter lang.

    d. Sie hat ein Loch in der Mitte.

Antworten

1. c

2. d

3. a

4. b

EPÍLOGO

Has llegado al final de este libro de relatos en alemán. Esperamos que te haya gustado y que te haya ayudado a avanzar en el aprendizaje de la lengua.

A medida que estudies alemán, descubrirás que es un idioma con muchos matices sutiles. Cuanto más te sumerjas en el proceso de aprendizaje, más te sorprenderá encontrar palabras o frases que son difíciles de traducir en algunas lenguas. *Sehnsucht*, por ejemplo, es un término que no tiene un equivalente real en inglés. Se refiere a la nostalgia intensa que sentimos por algo que no podemos definir.

Esperamos que las historias incluidas en este libro te hayan acercado a la belleza de la lengua alemana y te hayan hecho enamorarte de su complejidad. No la contemples como una tarea pesada y difícil, sino como un reto emocionante. Lee estas historias varias veces, ya que sólo a través de la práctica mejorarás tu nivel.

La palabra *Vorfreude* se usa a menudo para describir la anticipación alegre e intensa que resulta de imaginar un placer futuro. Este es exactamente el tipo de sentimiento que queremos que este libro te genere. Según terminas una historia y te pasas a la siguiente, puedes visualizar lo divertido que será hablar alemán como un nativo. ¡Qué placer tan especial!

Una vez más, gracias por descargarte este libro. Si te ha gustado, nos gustaría pedirte un favor: ¿podrías dejar tu opinión sobre él en Amazon? ¡Lo apreciaríamos mucho!

Danke und bis zum nächsten Mal! (¡Gracias y hasta la próxima!)

www.ingramcontent.com/pod-product-compliance
Lightning Source LLC
LaVergne TN
LVHW051449170726
843492LV00002B/614